NATIONAL GEOGRAPHIC

School Publishing

T0058624

¡Queso para todos!

EDICIÓN PATHFINDER

Por Susan Halko

CONTENIDO

¡Queso para todos!

Por Susan Halko

Hay muchos tipos de quesos: suaves, fuertes, cremosos, grumosos. De hecho, hay cientos de variedades distintas de quesos provenientes de todo el mundo.

Todos estos quesos comienzan con un mismo ingrediente: la leche. Pero, ¿cómo se puede empezar con la leche y terminar con tantos tipos diferentes de quesos?

La ciencia nos puede servir para explicarlo. A medida que la leche se transforma en queso, pasa por grandes cambios: **cambios químicos**.

Dos maneras de cambiar

Como todo lo que ocupa espacio y tiene masa, la leche y el queso están hechos de **materia**. La materia puede existir en tres estados diferentes: sólido, líquido y gaseoso.

Probablemente sepas que el agua puede ser un líquido (bebida), un sólido (hielo) y un gas (vapor de agua).

Cuando el agua cambia de un estado a otro, pasa por un cambio físico. Puede cambiar de sólido a líquido a gas una y otra vez. Tanto el agua, como el hielo y el vapor de agua están hechos de lo mismo: ¡agua!

Pero el queso es diferente. No es simplemente leche en estado sólido, ¡es una sustancia completamente nueva! Y una vez que se obtiene el queso, no se puede volver a obtener leche del queso.

Esto significa que el queso pasa por ciertos cambios químicos. Veamos qué cosas causan los cambios químicos en la producción del queso.

De líquido a sólido

El primer paso en la producción del queso es convertir la leche en un sólido. Para ello, los fabricantes de quesos añaden bacterias a la leche. Las bacterias son seres vivos muy pequeños. Son tan pequeños que hasta un millón de ellos cabrían en el punto al final de esta frase.

La leche y las bacterias se mezclan y calientan. Las bacterias se vuelven más activas en temperaturas más cálidas. Transforman el azúcar, o lactosa, de la leche en ácido láctico. El ácido láctico es lo que cambia el estado de la leche a sólido. Esto hace que la leche se vea y se sienta como el yogur. ¡Ese es un cambio químico!

A continuación, los productores de quesos añaden a la leche algo que se llama cuajo. El cuajo es una **enzima** que se encuentra en los estómagos de las vacas. Ayuda a acelerar el cambio químico que está ocurriendo. Hace que la leche se ponga más espesa, como el pudín.

Se añaden bacterias denominadas lactobacilos a la leche para hacer queso.

La leche se agita mientras se calienta.

Cuajada y suero

La leche sólida, o cuajada, está inmersa en un líquido acuoso. Este líquido se conoce como suero. Se compone de agua, exceso de grasa y proteína. El siguiente paso consiste en separar el suero de la cuajada.

Después de extraerse el suero, algunos tipos de queso son envasados en moldes y depositados en un baño de sal. Algunos quesos, como la mozzarella, son recalentados y agitados aún más. Esto le da a la mozzarella su textura elástica y fibrosa.

El suero está en estado líquido. Se lo drena de la cuajada en una tina como esta.

El queso cheddar

Otros tipos de queso, como el cheddar, se cortan en lonjas gruesas. Las lonjas gruesas se apilan una encima de otra y se las da vuelta cada 15 minutos. Esto sirve para drenar más aún el suero.

Después de muchos apilamientos y vueltas, las lonjas gruesas quedan mucho más delgadas. Se cortan en trozos pequeños y se salan. Esta acción de apilar, voltear y cortar se llama cheddarización.

Añejamiento

Para el último paso de la fabricación del queso se necesita paciencia: esperar que el queso se añeje. El proceso de añejamiento puede llevar semanas, meses o años. La cantidad de tiempo depende del tipo de queso y el sabor deseado. Para lograr un añejamiento adecuado, los quesos se guardan generalmente en cuartos con temperatura y humedad controladas. El exceso de frío o calor, o el de humedad o sequedad, pueden causar problemas.

Algunos quesos se envuelven en una tela o se los recubre con cera. Algunos se lavan en aceite de oliva u otra solución mientras se añejan.

¿Y qué pasa con las bacterias? ¡Todavía están vivas en el queso! Ellas continúan causando cambios a medida que el queso se añeja. Estos cambios químicos afectan el sabor y la textura del queso a medida que se añeja. Mientras más añejo (más viejo) es el queso, más fuerte es su sabor.

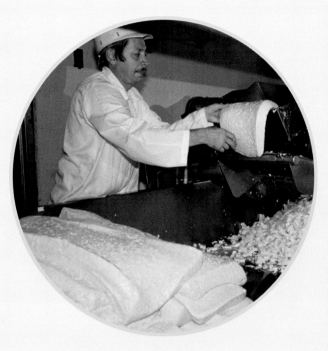

Cortar la cuajada en trozos pequeños es un ejemplo de un cambio físico.

Este proceso de cheddarización se utiliza en otros tipos de queso además del cheddar. Por ejemplo, se usa también en los quesos Derby y Cheshire.

Pocos pasos, muchos quesos

Todos los quesos siguen los mismos pasos básicos, pero durante el proceso se pueden hacer muchos cambios que producen diferentes tipos de quesos.

Incluso se puede hacer que el mismo tipo de queso tenga un sabor o una textura diferentes. Aquí es donde entra en juego el arte de la producción del queso.

Por ejemplo, se pueden añadir miles de bacterias diferentes a la leche. Los productores de quesos deciden cuáles utilizar para diferentes tipos de quesos.

También deciden cuánto suero de leche extraer, qué temperaturas emplear, o si recalentarán o no la cuajada.

La leche también tiene mucho que ver. Las diferentes razas de vacas producen distintos tipos de leches, con cualidades distintas. ¿Has oído hablar del queso de cabra? La leche de las cabras, las ovejas e incluso los búfalos también se puede usar para crear diferentes sabores y texturas.

Veamos algunos de los cambios que se utilizan para hacer ciertos tipos de quesos famosos.

Queso Limburger

Queso suizo

Queso apestoso

¿Alguna vez has olido queso apestoso? ¡El olor puede hacer que se te caigan los calcetines! De hecho, algunos dicen que huele a calcetines sudados.

Eso se debe a que algunas bacterias en los quesos apestosos ¡son las mismas bacterias que se encuentran en el sudor humano! ¡Qué asco!

Las cáscaras, o cubiertas, de los quesos apestosos se lavan en distintos tipos de mezclas. Esto también causa el fuerte olor. Es fácil saber si un queso es apestoso: tiene una cáscara de color naranja.

Pero no dejes que el olor te espante. Sorprendentemente, algunos quesos apestosos, como el Limburger, tienen un sabor muy suave.

¡Bacteria perforadora!

¿Que causa los agujeros en el queso suizo? Las bacterias con gas. Unas semanas después de que se hace el queso suizo, los fabricantes de quesos lo colocan en un cuarto caliente. Cuando estas bacterias se calientan, producen burbujas de gas. ¡Otro cambio químico!

El queso suizo es flexible. Se curva alrededor de las burbujas de gas, y esto hace que se formen los agujeros en el queso.

La elaboración del queso combina tanto la habilidad como la ciencia. No existen dos quesos que sean exactamente iguales. Los productores de quesos se convierten en expertos en los cambios químicos y pueden ser creativos al momento de aplicar esos cambios. Los cambios físicos y químicos son parte del proceso de elaboración del queso.

Queso roquefort

Roquefort mohoso

¿Qué hace que el queso roquefort sea azul? ¡Es moho! El moho es un tipo de hongo. Se añade a la leche al comienzo del proceso.

A medida que el queso se enfría, el moho reacciona con el oxígeno del aire. El exterior del queso se vuelve azul. ¡Ese es un cambio químico!

Pero, ¿cómo se obtienen las líneas azules en el interior del queso? Los fabricantes de quesos perforan agujeros en el queso. El oxígeno se abre camino por los agujeros. Dondequiera que el oxígeno vaya, el moho se vuelve de color azul. ¡Ese es otro cambio químico!

Vocabulario

cambio físico: cuando la materia cambia de aspecto, pero no se convierte en un nuevo tipo de materia

cambio químico: cambio en la materia que da como resultado una nueva sustancia con propiedades distintas

enzima: sustancia de las plantas o los animales que acelera las reacciones químicas

materia: cualquier cosa que ocupa espacio y tiene masa

Los cambios químicos y físicos ocurren todo el tiempo, ¡incluso durante el desayuno!

Echemos un vistazo a un menú de desayuno especial. Esto te ayudará a aprender sobre los cambios físicos y químicos que ocurren durante la elaboración de ciertos alimentos.

Pero primero revisemos estas pistas sobre los cambios físicos y químicos.

Estos son algunos signos de que ha ocurrido un cambio químico:

- Se emite luz o calor
- Hay un cambio de color
- Formación de burbujas o gas
- Hay un cambio en el olor o el aroma
- Se forman sólidos
- El cambio no se puede revertir

Estos son algunos signos de que ha ocurrido un cambio físico:

- La sustancia es la misma; solo sus propiedades han cambiado

¡Buenos días!

Omelet de vegetales

Derretir mantequilla en una sartén ....cambio físico
La mantequilla cambia de estado sólido a líquido, pero sigue siendo la misma sustancia.

Rallar el queso ....cambio físico
El queso cambia de forma, pero aún está hecho del mismo material.

Cortar las verduras ....cambio físico
Las propiedades físicas de las verduras han cambiado. Simplemente los pedazos son más pequeños. No se ha creado una nueva sustancia.

Cocinar los huevos..........................cambio químico
Los huevos pasan de líquido a sólido. Este cambio no se puede revertir.

Panqueques

Calentar la mezcla de los panqueques ....cambio químico

> La mezcla cambia de una sustancia líquida o pegajosa a un sólido, un panqueque firme. No puedes revertir los panqueques a la mezcla líquida original.

Guarniciones

Tostar pan....................................cambio químico

> El calor torna el pan oscuro y crocante.
> ¡Huele rico!

El cereal frío....................................cambio físico

> Añadir leche al cereal hace que se ablande, pero no lo convierte en una sustancia nueva.

Cambios físicos y químicos

Descubre lo que has aprendido acerca de los cambios en la materia.

1 ¿Cuál sería un ejemplo de un cambio químico en la elaboración del queso?

2 ¿Cuál sería un ejemplo de un cambio físico en la elaboración del queso?

3 ¿Por qué el queso suizo tiene agujeros?

4 ¿Por qué los quesos apestosos huelen tan mal?

5 ¿Hacer waffles es un ejemplo de un cambio físico o un cambio químico? Explica.